essentials

essentials liefern aktuelles Wissen in konzentrierter Form. Die Essenz dessen, worauf es als „State-of-the-Art" in der gegenwärtigen Fachdiskussion oder in der Praxis ankommt. *essentials* informieren schnell, unkompliziert und verständlich

- als Einführung in ein aktuelles Thema aus Ihrem Fachgebiet
- als Einstieg in ein für Sie noch unbekanntes Themenfeld
- als Einblick, um zum Thema mitreden zu können

Die Bücher in elektronischer und gedruckter Form bringen das Expertenwissen von Springer-Fachautoren kompakt zur Darstellung. Sie sind besonders für die Nutzung als eBook auf Tablet-PCs, eBook-Readern und Smartphones geeignet. *essentials:* Wissensbausteine aus den Wirtschafts-, Sozial- und Geisteswissenschaften, aus Technik und Naturwissenschaften sowie aus Medizin, Psychologie und Gesundheitsberufen. Von renommierten Autoren aller Springer-Verlagsmarken.

Weitere Bände in der Reihe http://www.springer.com/series/13088

Silke Noll

Leben und Arbeiten in Neuseeland

Ein interkultureller Ratgeber für den beruflichen Alltag von Expatriates

Silke Noll
Wellington, Neuseeland

ISSN 2197-6708 ISSN 2197-6716 (electronic)
essentials
ISBN 978-3-658-21148-6 ISBN 978-3-658-21149-3 (eBook)
https://doi.org/10.1007/978-3-658-21149-3

Die Deutsche Nationalbibliothek verzeichnet diese Publikation in der Deutschen Nationalbibliografie; detaillierte bibliografische Daten sind im Internet über http://dnb.d-nb.de abrufbar.

Gedruckt auf säurefreiem und chlorfrei gebleichtem Papier

Springer ist ein Imprint der eingetragenen Gesellschaft
Springer Fachmedien Wiesbaden GmbH und ist Teil von Springer Nature
Die Anschrift der Gesellschaft ist: Abraham-Lincoln-Str. 46, 65189 Wiesbaden, Germany

Was Sie in diesem *essential* finden können

- Kulturspezifische Tipps und Tricks zur Jobsuche und Einwanderung nach Neuseeland oder wenn Sie als Geschäftspartner einreisen, beispielsweise zum Aushandeln von Verträgen.
- Darstellung der verschiedenen Phasen der Vorbereitung, des Ankommens und des alltäglichen Berufslebens – und wie sich die Wahrnehmung der Arbeitswelt schrittweise erweitert.
- Länderspezifische Unterschiede beim Übergang zwischen Berufs- und Privatleben.
- Einfache und kompakte Beschreibung der meist nur unterbewusst wahrgenommenen und schwer zu deutenden kulturellen Werte und Verhaltensweisen Neuseelands und die Auswirkungen auf den Berufsalltag.

Inhaltsverzeichnis

Über die Autorin

Silke Noll, Lange Zeit war sie dort, nie hier. Sie reiste in der Welt umher, auf der unbewussten Suche nach ihrem Land – bis sie Neuseeland entdeckte. Zugegeben einige Seeleute kamen ihr bei der Entdeckung zuvor, aber immerhin, auch die Autorin fand erstaunlicherweise den Weg.

Die zertifizierte interkulturelle Trainerin, Autorin und Neuseelandexpertin Silke Noll interessiert sich bereits seit ihrer Kindheit für Menschen anderer Kulturen. Als Agile Coach und Scrum Master ist sie international freiberuflich tätig. Sie wurde von einer Weltreisenden zu einer Auswanderin nach Neuseeland und lebt heute in Wellington. „Mittelerde" als Lebensmittelpunkt – was nach einer locker-leichten, ähnlich westlichen Kultur ausschaut, ist bei näherem Hinsehen doch ganz schön anders, mit tief sitzenden Tücken.

1 Einleitung

Der erste Eindruck von Neuseeland mag „irgendwie so ähnlich wie bei uns" sein, oder „sehr viel lockerer, was soll da schon passieren?".

Kulturen weltweit richten sich oft nach unbewussten Regeln und Annahmen, die sich für Fremde nur unterschwellig erahnen lassen. Die neuseeländische Kultur hat eine Entstehungsgeschichte, an der mehrere Einwanderungsvölker beteiligt waren und sind. Auch wenn die größten Einflüsse von den einheimischen Māori und den ersten Siedlern, überwiegend Engländer, stammen, haben andere Europäer wie Deutsche oder Niederländer ihre Spuren hinterlassen. In jüngerer Vergangenheit nehmen auch immer mehr Menschen aus asiatischen Kulturen wie Chinesen, Japaner, Filipinos oder Inder am Alltag teil. Dies macht es nicht einfach, ohne interkulturelles Verständnis die Eigenarten der neuseeländischen Mentalität zu verstehen.

Bereits der neuseeländische Staatsvertrag, der Treaty of Waitangi, wurde unter verheerenden sprachlichen und interkulturellen Missverständnissen unterschrieben, die bis heute nicht vollständig ausgeräumt wurden. Während die Ureinwohner, Māori, den Vertrag mit der britischen Krone eher als Partnerschaft interpretierten und übersetzten, verstanden die Engländer eher eine Machtübernahme und Herrschaft im Sinne der Kolonisierung.[1]

Leicht zu erkennende Unterschiede zwischen Ländern sind etwa ein anderer Kleidungsstil, eine andere Sprache, andere Verhaltensweisen, Speisen oder Symbole. Hingegen sind Werte, Beziehungen, Gefühle, Hintergründe und Wahrnehmungen unsichtbar und verborgen. Konfliktpotenzial entsteht, wenn wir das Fremdwahrgenommene durch unser eigenes, uns wohl bekanntes kulturelles Regelwerk interpretieren.

[1]https://teara.govt.nz/en/treaty-of-waitangi. Zugegriffen: 04.01.2018, 14:27 NZDT.

S. Noll, *Leben und Arbeiten in Neuseeland*, essentials,
https://doi.org/10.1007/978-3-658-21149-3_1

Um Ihnen das Verständnis der neuseeländischen Kultur und damit auch Ihre Arbeitssuche, Auswanderung und Vertragsverhandlungen mit Geschäftspartnern zu erleichtern, durchläuft dieses *Essential* die typischen Schritte beim Kennenlernen des neuen Landes. Da es sich um ein zutiefst multikulturelles Land handelt, bezieht das *Essential* neben der Sicht durch unsere deutsche Brille an manchen Stellen auch andere Kulturen mit ein.

Die Erklärungsblöcke im Text, das Glossar und die weiterführende Literatur ergänzen für Ihren Alltag notwendiges, interkulturelles Hintergrundwissen. Durch das Verständnis der interkulturellen Aspekte können Sie oberflächlich wahrgenommene, aber doch vielschichtige Situationen im Berufsleben durch Selbsttraining mehr und mehr nachvollziehen. Auf diese Art wachsen Sie in die neue Kultur hinein.

Dieses *Essential* bezieht sich rein auf den beruflichen Bereich und die davon betroffenen Privatbereiche. Bei weiterem interkulturellem Interesse auch außerhalb des Berufes sei auf ein weiteres Buch der Autorin verwiesen: „Wahlheimat Neuseeland – Auswandern, Einwandern, Zurückkehren, Wegbleiben – Eine interkulturelle Trainerin über Neuseeland, Deutschland und sich selbst zwischen beiden Welten".

Die Bewerbungsphase 2

Sie haben sich bereits über diverse Visa informiert, Neuseeland in Ihr Herz geschlossen und sind fest entschlossen, am anderen Ende der Welt auf Jobsuche zu gehen? Möchten Sie Geschäftsverbindungen aufbauen? Auf den ersten Blick scheinen sich Jobsuche und Vertragsverhandlungen nicht wesentlich von Europa, insbesondere Deutschland zu unterscheiden. Bei ersterem reichen Sie Ihren Lebenslauf ein, gehen zu einem oder mehreren Interviews oder Assessment Center und bekommen dann, wenn alles gut läuft, einen Vertrag. Als Geschäftspartner präsentieren Sie Ihr Produkt oder Ihre Dienstleistung und kommen ins Geschäft. Interkulturell betrachtet sind es die kleinen Unterschiede, die zu kennen es Ihnen erleichtert, die Neuseeländer besser zu verstehen.

2.1 Zeitlicher Horizont

Was jeder über Neuseeland zu wissen meint: Die Menschen sind sehr entspannt und gehen alles locker an. Erkennbar schon an der Sprache. „She'll be right, mate." (Das wird schon gut/keine Sorge, das wird schon klappen), „Choice bro" (Toll, klasse), „Good on ya, mate"/„Give that man a chocolate fish!" (Gut gemacht, Glückwunsch), „You can handle the jandal" (Du schaffst das). Diese allgegenwärtige Lässigkeit ist unter anderem der Grund, warum der Alltag in Neuseeland in gewisser Hinsicht – wie in vielen englischsprachigen Ländern – schnelllebiger, kurzfristiger und spontaner ist.

Ausnahme: die Weihnachtszeit. Wer den deutschen Winter überbrücken möchte und im neuseeländischen Sommer eine Arbeit suchen oder Verträge aushandeln will, könnte überrascht werden. Ab Anfang Dezember bis in den Februar hinein befinden sich der Arbeitsmarkt und die Geschäftswelt im „Sommerschlaf". Ähnlich wie die Italiener im August nehmen sich die Neuseeländer zum „Summer Break"

S. Noll, *Leben und Arbeiten in Neuseeland*, essentials,
https://doi.org/10.1007/978-3-658-21149-3_2

Wochen bis Monate frei. Die Welt scheint stillzustehen. In dieser Zeit einen Job zu ergattern oder professionell durchzustarten ist schier unmöglich, außer eventuell in der Tourismusindustrie.

Ansonsten hat ein Neuseeländer im Durchschnitt einen viel kürzeren Planungshorizont als ein Deutscher. Kündigungsfristen und Probezeiten sind kürzer – rechnen Sie mit zwei bis vier Wochen. In Anlehnung daran werden auch Mieten wöchentlich oder vierzehntägig gezahlt. Angestellte wechseln ohne mit der Wimper zu zucken ihren Job. Es gibt zwar auch Neuseeländer, die ihr Leben lang in demselben Unternehmen arbeiten. Im Vergleich zu Deutschland kommt dies jedoch wesentlich seltener vor. Daher ist es auch kein Weltuntergang, wenn es mit dem Arbeitgeber oder Chef nicht klappt. Im Gegensatz zu Deutschland nimmt man eine Kündigung – von welcher Seite sie auch kommen mag – nicht als persönliche Niederlage wahr. Man sucht sich einfach einen neuen Job.

Zeitverständnis

Die neuseeländische Kultur ist historisch eine Verschmelzung aus den einheimischen Māori und den europäischen, vornehmlich englischen Einwanderern, von den Māori Pākehā genannt. Westliche Kulturen wie die englische, deutsche, niederländische, amerikanische oder schweizerische folgen einem linearen oder synchronen Zeitverständnis und einer genauen Uhrzeit, „Clock time". Man hat Agenden, ein Frage-Antwort-Schema und genau vorgegebene Pläne, bei denen ein Ereignis sequenziell dem anderen folgt. Andere Kulturen wie die spanische, südamerikanische oder italienische folgen einem parallelen oder polychronen Zeitverständnis. Mehrere Dinge können gleichzeitig erledigt werden. Den Gesprächspartner zu unterbrechen bedeutet Interesse am Dialog. Manche Kulturen wie die indische richten sich nach einer Art zyklischem Zeitverständnis. Ereignisse können sich wiederholen, wie bei der Reinkarnation. Warum heute eine Entscheidung treffen, morgen ist doch auch noch ein Tag?

Māori folgen der Ereigniszeit. Eine Holzarbeit ist dann fertig, wenn sie fertig ist. Die Fische werden gefangen, wenn das Wetter geeignet ist. Außerdem haben sie ein ähnliches Zeitverständnis wie die Einwohner Madagaskars: Die Zeit fließt von hinten durch den Kopf nach vorne. Während westliche Kulturen das Morgen bildlich vor sich sehen und die Vergangenheit hinter sich, ist es für die Māori umgekehrt. Das maorische Wort „Mua" bedeutet vorne/davor oder auch Vergangenheit. Die Ureinwohner kennen die Vergangenheit, sie ist sichtbar und liegt daher vor ihnen. Die Zukunft ist ungewiss, nicht sichtbar, und liegt daher hinter ihnen. Die Vergangenheit und die Konsultation der früheren Generationen hat einen großen Einfluss auf die für zukünftige Generationen nachhaltig zu treffenden Entscheidungen. Auch beruflich. Letzteres war mitunter ausschlaggebend für Missverständnisse bei ersten Verhandlungen des Vertrags von Waitangi.

Manch interkultureller Theoretiker benennt die unterschiedlichen Arten von Zeitverständnis anders. Siehe dazu das Glossar.

Durch die historisch bedingte westlich-maorische „Bikultur" ist das neuseeländische Zeitverständnis eine Mischung aus „einer Art madegassischem" und linearem Zeitverständnis, aus Ereignis- und Uhrzeit.

Auf der anderen Seite bedeutet der kürzere Planungshorizont auch, dass Absagen kurzfristiger erfolgen. Handwerker sind spontaner. Das Interview musste flexibel anderen Ereignissen weichen. In Neuseeland ist das normal und wird hingenommen, ohne dass man eine böse Absicht oder Unzuverlässigkeit unterstellt. Es ist einfach etwas dazwischengekommen, also sucht man nach einem neuen Termin. Punkt. Das Gute: Es funktioniert in beide Richtungen. Man kann auch selbst absagen, wenn einem nicht nach dem Termin ist und das gute alte, in Deutschland ausgeprägte „Pflichtbewusstsein" bedenkenlos an den Nagel hängen.

Auf der anderen Seite sind Zuverlässigkeit und Pflichtbewusstsein im professionellen Umfeld international geschätzte Tugenden. Gerade während der Bewerbungsphase wäre der einzig triftige Grund einer Absage vonseiten des Bewerbers etwas Persönliches.

Personen- und Sachorientierung

Es gibt Kulturen wie die deutsche, die tendenziell sachorientierter sind als andere. Zu einer Entscheidung braucht es eine detaillierte Analyse der Sache. Wenn die Qualität stimmt, passt es schon. Andere Kulturen sind tendenziell personenorientierter, wie afrikanische, südamerikanische oder südeuropäische. Die neuseeländische liegt insbesondere durch den maorischen Einfluss auch an diesem Ende der Skala, der westliche Einfluss gleicht jedoch eine extreme Ausprägung aus.

Der engere Familien- und Freundeskreis, die Whānau, gehen vor. Wenn etwas wichtiges Privates ansteht, wird die Arbeitszeit flexibel. Geld wird unwichtig. Bei Vertragsverhandlungen ist das Persönliche entscheidender als die Qualität der Ware oder ein entscheidender beruflicher Termin.

Mehr zur interkulturellen Theorie finden Sie im Glossar.

Vor dem ersten, formalen Interview trifft man sich gerne zu einem Kaffee, um sich zu beschnuppern. Da Neuseeland sehr klein ist und man sich kennt, sind Netzwerken und Beziehungsmanagement überlebenswichtig. Man stellt diejenigen ein, mit denen man persönlich gut kommunizieren und arbeiten kann. Die Arbeitserfahrung ist wichtig, doch das Zwischenmenschliche hat einen deutlich höheren Stellenwert als in Deutschland. Die neuseeländischen Ureinwohner Māori lassen sich kulturell bedingt die Zeit, die sie brauchen, um Entscheidungen nachhaltig im Kontext der Gemeinschaft, des Teams, ihrer Whānau zu treffen. Diese historischen Einflüsse sind wichtig für das Verständnis der Kultur Neuseelands im Vergleich zu anderen westlichen Kulturen wie England, USA oder Deutschland.

Selbst nach Kaffee und Interviews nehmen sich die Neuseeländer gerne Zeit und melden sich häufig gar nicht, wenn es kein Jobangebot gibt. Haken Sie ruhig höflich nach und betonen Sie Ihr Interesse an dem Job. Heben Sie dabei die Gründe hervor. Sie haben mehr Chancen, wenn die Neuseeländer merken, dass Sie den Job wollen und dass Sie tatsächlich in Neuseeland leben und mit dem Unternehmen zusammenarbeiten möchten. Aber Vorsicht!

2.2 Understatement, Bescheidenheit, Egalitarismus

Der deutsche Bewerber tritt gerne in ein ganz spezielles, berüchtigtes Fettnäpfchen. Deutschland wird für seine Präzision, Effizienz, Organisation und Qualität weltweit geschätzt. Deutsche preisen gerne ihre Vorzüge und Arbeitserfahrungen oder die Qualität ihrer Produkte an. „Ich weiß genau, was zu tun ist!" „Wir haben eindeutig das beste Erzeugnis am Markt!" Eine Einstellung, die im zurückhaltenden Neuseeland das Aus in der Bewerbungs- oder Verhandlungsphase bedeuten kann.

Gleichheitsprinzip, Egalitarismus in Neuseeland

Understatement, Bescheidenheit bzw. der damit verbundene, tief sitzende interkulturelle Wert „Egalitarismus", das Gleichheitsprinzip, steuern das Verhalten des Neuseeländers im Alltag. Er schimmert in einer Vielzahl von Verhaltensweisen und Eigenarten wie etwa dem Humor durch. Das geschieht, ohne dass Kiwis, wie Neuseeländer sich gerne nennen, es bewusst wahrnehmen. Das sogenannte „Tall Poppy Syndrom" besagt, dass die Mohnblume um einen Kopf kürzer gemacht wird, die die anderen überragt. Herauszustechen ist verpönt. Angeberei hat einen bitteren Nachgeschmack.

Der Egalitarismus lässt sich einerseits durch den oben genannten Gemeinschaftssinn der Māori erklären. Andererseits wollten die ersten englischen Siedler ihr zu Hause dominierendes Klassensystem hinter sich lassen und erschufen eine Gegenbewegung. Sie hält bis heute an und findet im Alltag meist unbewusst statt. Sich selbst zu loben ist für den Neuseeländer schier unmöglich.

Tipp für die Bewerbungsphase und darüber hinaus: Fragen stellen. Interesse zeigen. Zulassen, dass Dinge in Neuseeland anders gemacht werden, und dass dies eventuell auch logisch sein kann.

Beispiel aus der Bauindustrie: Die nicht isolierten Holzhäuser ohne Zentralheizung entlocken einem Deutschen, Österreicher oder Schweizer nicht selten ein Kopfschütteln. Unter dem Aspekt, dass es in vielen Gegenden keinen Frost, jedoch viel Wind, ein feuchtes Klima und Erdbeben gibt, macht die Bauweise doch irgendwie Sinn. Viele Baumaterialien, die es in Deutschland gibt, findet man in Neuseeland nicht.

Urteilen und werten Sie nicht vorschnell. Versuchen Sie das Andere zu verstehen. Ein gesunder Austausch von Erfahrungen und voneinander Lernen sind Grundstrategien im Interkulturellen, um in einem anderen Land Fuß zu fassen, erfolgreiche Geschäftsbeziehungen aufzubauen und die dortige Mentalität zu verstehen.

2.3 Neuseeländische Arbeitserfahrung

Sich aus dem Ausland zu bewerben und Kontakte zu knüpfen ist schwierig, jedoch nicht unmöglich. In der Regel werden Sie erst wahrgenommen, wenn Sie vor Ort sind. „Aus den Augen aus dem Sinn“ ist in Neuseeland der Normalfall, auch wenn man Sie bereits kennt. Neuseeländische Arbeitgeber erwarten gerade von Neuankömmlingen, dass sie ernsthaft im Land leben und arbeiten wollen. Jeder, der im Inselstaat lebt weiß, dass der Umzug auf eine Insel im Pazifik, weit weg vom nächsten Land, nicht problemlos ist. Vor allem, wenn Sie Familie und Freunde hinter sich lassen. Auch gibt es viele Durchreisende. Die meisten Neuseeländer blicken auf eine Immigrationsgeschichte zurück und pflegen Kontakte mit Familie, Freunden und Whānau im Rest der Welt. Ohne Verbindlichkeit und den festen Willen, hier leben zu wollen und etwas zur neuseeländischen Gemeinschaft beizutragen, sind die Chancen gering, eine Arbeitsstelle zu finden.

Das berühmt-berüchtigte Problem von der Henne und dem Ei kommt noch hinzu. Neuseeländische Berufserfahrung als Einstiegskriterium wird erwartet. Anders als in vielen anderen Ländern ist internationale Arbeitserfahrung ein zu vernachlässigender Faktor. Es gilt also, den einen Arbeitgeber zu finden, der darüber hinwegsieht. Auch bei Geschäftspartnern wird erwartet, dass die Mentalität und Bedürfnisse des Landes verstanden werden.

Ausdauer und Hartnäckigkeit zahlen sich aus. Dabei nicht vergessen: Angeben und Protzen verboten.

3 Berufsalltag

Sie haben es geschafft! Sie konnten einen Job mit Visum ergattern und schweben auf Wolke Sieben, im Interkulturellen auch „Honeymoonphase“ genannt.

Kulturschockkurve

Die Honeymoonphase ist die erste, himmelhoch jauchzende Phase in der Kulturschock- oder Integrationskurve. Sie hat je nach Verfasser verschiedene Hochs und Tiefs. Das einfachste Modell besteht aus der Honeymoonphase, der eigentlichen Fremdkulturschockphase und der Anpassungs- oder Assimilationsphase. Die Phasen wiederholen sich bei einer Rückkehr in die Heimat, dargestellt durch eine Reintegrationskurve. In der Realität können diese Zyklen vielfach erneut auftreten, bis die Anpassung an die neue Kultur mehr und mehr gelingt. Der Abbruch eines Auslandsaufenthaltes erfolgt meist während der Kulturschockphase. Das Ausmaß dieser Krise kann variieren – je nachdem, ob die Entsendung freiwillig oder beruflich bedingt erfolgte. Das Wissen über diese Phasen erleichtert den Umgang mit ihnen, kann sie jedoch nicht unterdrücken.

Ein bisschen nervös, jedoch voller Elan und Vorfreude werfen Sie sich in das neue Abenteuer, im Land der Hobbits und der freundlichen Menschen zu arbeiten.

3.1 Dresscode

… und haben direkt nach Ankunft am Arbeitsplatz dieses mulmige Gefühl, dass etwas nicht passt. Richtig! Sie sind der einzige im Raum mit Krawatte. Als Frau fühlen Sie sich im schwarzen Hosenanzug leicht overdressed. Krawatten können Sie getrost in Übersee lassen. Die Kleidung ist oft leger. Sogar in der Bank kommt man mit Jeans zur Arbeit, vor allem wenn man nicht in direktem Kundenkontakt

S. Noll, *Leben und Arbeiten in Neuseeland,* essentials,
https://doi.org/10.1007/978-3-658-21149-3_3

steht. Es kommt vor, dass der eine oder andere seine Schuhe unter dem Schreibtisch abstreift und barfuß oder mit Socken ins nächste Meeting oder zum Kopiergerät stolziert. Frauen tragen Flipflops (auf neuseeländisch: „Jandels").

Es kann auch vorkommen, dass zu bestimmten Anlässen die Kollegen mit Nikolausmütze, Hasenohren, roter Nase oder Glitzerhut vor dem Rechner sitzen oder am Bankschalter stehen. Neuseeländer verkleiden sich generell gerne.

Jedoch Vorsicht: So locker dies auf den ersten Blick wirkt, Neuseeland ist ein multikulturelles Land. Bevor Sie die oben beschriebene Tendenz für bare Münze nehmen, rate ich zu einem lässig gepflegten, krawattenlosen Kleidungsstil, ohne Jeans und Freizeitshirt am ersten Tag. Sollte Ihr Unternehmen wider Erwarten etwa englische Regeln haben, dann wäre der formelle Dresscode vermutlich angebrachter.

Ein Tipp für die Damen: Die Designerjeans wird in Neuseeland als sportlich wahrgenommen, auch wenn sie mit edlen Accessoires kombiniert wird. Zu festlichen Anlässen lieber die Jeans zu Hause lassen. Überhaupt tragen neuseeländische Frauen durchschnittlich weniger Jeans und mehr Kleider und Röcke als in Deutschland.

3.2 Die Begrüßung und Small Talk

Ob Ihr bedeutungsvoller Händedruck mit nachhaltig ernsthaftem Blick erwidert wird, das hängt von der Branche, in der Sie arbeiten, und deren Internationalität ab. Rechnen Sie eher mit einem „Welcome! How are ya?" ohne Händeschütteln. Dabei wollten Sie Ihrem Gegenüber doch nur herzlich und offen begegnen!

Im Sinne der deutschen Gründlichkeit neigen Sie vielleicht dazu, zielstrebig auf die gestellte Frage zu antworten und erklären ausgiebig, wie Sie sich zurzeit fühlen. Schließlich erwarten Sie auch umgekehrt, konkrete Antworten auf Ihre Fragen zu erhalten.

Die Frage „How are ya?" wird allerdings ganz simpel beantwortet mit „Good, thank you, how are you?" Sie ist lediglich eine Begrüßung wie „Hallo". Ihr Gesprächspartner möchte nichts über Ihre Wetterfühligkeit oder Frühjahrsmüdigkeit wissen.

In Neuseeland hat Händeschütteln nicht dieselbe Bedeutung wie in Deutschland. Im Geschäftsleben kann der Händedruck vorkommen, muss jedoch nicht.

Im Privaten ist er sehr selten. Frauen geben sich untereinander nie die Hand. Der typisch maorische Nasenkuss Hongi ist übrigens im Geschäftsleben eher selten bis gar nicht vorzufinden. Eine Ausnahme bilden Staatsempfänge.

Generell wahren die Neuseeländer mehr Abstand als Deutsche. Sie übertrumpfen damit im internationalen Vergleich sogar die deutsche Distanziertheit. Eine Umarmung gibt es unter Freunden und gut bekannten Kollegen.

Distanz

Jeder Mensch besitzt einen Wohlfühl-Umkreis um sich, in den er mehr oder weniger bekannte Leute eintreten lässt oder nicht. Arabische, südamerikanische oder südeuropäische Kulturen beispielsweise lassen mehr menschliche Nähe zu. Deutsche, Niederländer, Skandinavier, Engländer, Amerikaner, Österreicher, Schweizer oder Neuseeländer viel weniger. Wenn man das Bedürfnis nach persönlichem Raum auf einer Skala abbilden würde, sind Neuseeländer tendenziell noch distanzierter als Deutsche.

Mehr zur interkulturellen Theorie finden Sie unter dem Stichwort „Raum" im Glossar.

Von Anfang an ist Small Talk wichtig. Das ist gar nicht so einfach, wenn man aus dem Land der Dichter und Denker kommt. Wieso sollte man sich über Belangloses unterhalten, wenn man über Weltbewegendes philosophieren kann?

Tatsächlich eröffnet man in Neuseeland gerne ein Gespräch mit Erzählungen über die Freizeit, die Familie, das letzte Wochenende. Weniger wichtig ist der Job und was man im Leben bisher geleistet hat. Man möchte ein Gefühl für den Menschen bekommen, mit dem man potenziell zusammenarbeiten wird.

Die Ansprache erfolgt ausnahmslos mit dem Vornamen. Mr. und Mrs., Herr und Frau Sowieso können Sie aus Ihrem Sprachgebrauch streichen. Jetzt verstehen Sie auch, weshalb Sie in der Bewerbungsphase sofort als nicht neuseeländisch ertappt wurden, obwohl Sie ein perfektes Anschreiben nach englischer Art verfasst haben. Auch geschäftliche E-Mails, offizielle Mitteilungen oder Anschreiben Ihres Stromanbieters beginnen mit „Dear Vorname" (formal) oder „Hi Vorname" (informell).

Māori stellen sich untereinander historisch mit Name und Ort ihres Stammes oder Unterstammes (Iwi oder Hapū) vor, da die größeren Gruppierungen Iwi und Hapū gesellschaftlich am bekanntesten sind.

3.3 Der Geschäftsalltag

Wundern Sie sich nicht, wenn Sie an Ihrem neuen Arbeitsplatz ein Arbeitskollege begrüßt und Ihnen einen Rucksack mit Überlebenswasser und sonstigen hilfreichen Utensilien im Falle eines Erdbebens bringt. Es könnte auch eine große Tonne mit Notfallversorgung irgendwo stehen, sowie die Fluchtwege nach draußen, die man Ihnen zeigt.

Was als Neuankömmling vielleicht übertrieben scheint, ist Alltag in Aotearoa (Neuseeland auf Maorisch). Erdbeben sind eher die Regel als die Ausnahme. Die Internetseite geonet.org.nz informiert sekündlich über die neuesten Erdbeben sowie deren Stärke und Tiefe.

Ein Blick ins E-Mail-Fach. Sofern Sie bereits an Tag Eins Zugang haben – was in Neuseeland ähnlich wie in Deutschland eher Zufall ist – erwarten Sie möglicherweise bereits diverse Einladungen zu Veranstaltungen. Morning Tea, Afternoon Tea … darunter versteht man, dass in der Regel jeder etwas mitbringt („Bring a Plate"). Man kommt im Kollegenkreis zum Plaudern und Speisen zusammen. Anstelle von Kantinen, wie sie in vielen deutschen Unternehmen üblich sind, gibt es in Neuseeland nur eine Art Küchenbereich mit Mikrowelle, Kaffeemaschine, heißem Wasser für Tee oder Filterwasser. In Neuseeland kauft man sich seltener als in Deutschland das Mittagessen und bringt oft das eigene mit, da die Lebenshaltungskosten höher sind.

Wenn Sie sich im Laufe des Tages wundern, weshalb sich das ganze Team überraschend und vergnügt um einen PC versammelt: Es handelt sich wahrscheinlich um ein „Quizz", eine Spielerunde, die es täglich in der Online- oder Printversion der neuseeländischen Tageszeitung gibt. Neuseeländer sind vernarrt in „Quizzes" – ein Mitbringsel der Engländer wie Fish and Chips. Auch während eines Air New Zealand Fluges gibt es die Raterunden zur Fortbildung der breiten Bevölkerung.

Schon werden Sie aufgefordert, sich dazu zu gesellen, setzen sich auf die Tischkante … woraufhin ein von oben bis unten tätowierter Kollege Sie nach der Fragerunde beiseite nimmt. Er erklärt Ihnen mit ruhiger und verständnisvoller Stimme, dass Māori sich verletzt fühlen könnten, wenn Sie sich auf den Tisch setzen und erwähnt „Tikanga Māori". Sie folgen seinem Tipp und suchen im Internet nach dem Begriff.

Tikanga Māori

Tikanga ist die maorische Weltsicht. Tika heißt richtig. Im Gegensatz zu teka, falsch. Viele dieser Regeln basieren auf dem Gedanken, dass der Kopf und

Essen heilig sind und nicht verunreinigt werden sollen. Ein maorisches Sprichwort besagt: „Nau te rourou, naku te rourou, ka ora te manuhiri“. Mit deinem und meinem Essenskorb werden die Gäste gefüttert. Hier nur einige davon:

- Setzen Sie sich – auch nicht annäherungsweise – auf einen Tisch, insbesondere wenn dieser für Essen benutzt wird. Genauso wenig sollten Taschen auf Tische gestellt werden. Die Annahme ist, dass jeder Tisch für Essen benutzt wird! Māori finden es unhygienisch und glauben, dass Essen und „Dreck“ nicht vermischt werden sollten.
- Man setzt sich nicht auf Kissen oder Polster. Der Kopf darf daraufgelegt werden.
- Der Kopf gilt als heilig. Man berührt sich gegenseitig nicht am Kopf.
- Essen sollte nicht über Köpfe gereicht werden.
- Auch Hüte und sonstige Kopfbedeckungen sollten nicht auf Tische gelegt werden.
- Steigen Sie nicht über andere Leute, wenn Sie beispielsweise durch eine Sitzreihe laufen. Fragen Sie vorher höflich, ob die anderen vielleicht ihre Füße einziehen könnten oder finden Sie einen anderen Weg. Es wird insbesondere als beleidigend empfunden, wenn eine Frau über einen Mann steigt.

Diese Regel gilt ebenso, wenn eine Person höheren Ranges, bei den Māori meist ein älterer und deshalb als weise und erfahren geltender Mensch, in einem Raum spricht. Warten Sie an der Tür, bis es eine Pause gibt. Gehen Sie nicht vor dem Sprecher durch den Raum, sondern suchen Sie sich wenn möglich einen alternativen Weg. Wenn dies nicht geht, bücken Sie sich beim Vorbeigehen als Zeichen des Anstands.[1]

Auch wenn Sie sich nicht in einem rein maorischen Umfeld bewegen, gewinnen Sie eventuell Respekt, wenn Sie diese kulturellen Aspekte berücksichtigen.

Übrigens sind Tätowierungen in Neuseeland gesellschaftsfähig, man findet sie in allen Berufen, ob als Banker, Bauarbeiter oder Versicherungsvertreter. Bewertende Aussagen jeglicher Art werden in diesem multikulturellen Land nicht gerne gesehen. Vielmehr bekommt jeder eine faire Chance. Es herrschen Akzeptanz und Verständnis gegenüber vermeintlicher Andersartigkeit.

---

[1]http://www.victoria.ac.nz/Māori-at-victoria/ako/teaching-resources/tikanga-tips. Zugegriffen: 02.01.2018, 21:45 NZDT.

Auch Menschen mit mentalen Krankheiten wie dem Asperger-Syndrom, bipolarer Störung oder Autismus haben einen Platz in der arbeitenden Gesellschaft, während sie im Geschäftsleben über soziale Bereiche hinaus in Deutschland nicht zu existieren scheinen. Ob die Krankheit unter Kollegen bekannt wird, bleibt dem Einzelnen überlassen. Auch wenn dies logisch und lobenswert klingt, kann das Nichtwissen für Kollegen und Führungskräfte eine Herausforderung sein.

3.4 Meetings, Pünktlichkeit, Zuverlässigkeit, Eigenverantwortung, Selbstorganisation

Die Neuseeländer halten es im internationalen Vergleich eher mit den Deutschen[2] und sind im Geschäftsleben pünktlich. Je nach Unternehmen kann dies variieren.

Meetings und Entscheidungsfindung

Je nach Land folgen Meetings unterschiedlichen Regeln. Wenn Sie international tätig sind, können Sie sich generell fragen, wann und von wem die Entscheidung getroffen wird: Während des Meetings, danach, oder bereits davor? Vom Team oder von Entscheidungsträgern? Dient die Zusammenkunft lediglich Informationszwecken und wird die Entscheidung außerhalb getroffen? Die Organisation von Meetings kann Aufschluss geben über die Entscheidungswege und die Hierarchien in einem Unternehmen.

Im Sinne des Gleichheitsprinzips dienen in Neuseeland Hui als Diskussions- und Entscheidungsplattform. Hui heißen Meetings in maorischer Sprache. Jeder soll zu Wort kommen. Dabei kann es Agenden geben, oder auch nicht. Gerade im maorischen Kontext sind Agenden und Zeitlimits im Sinne von Redezeit weniger wichtig als jeden zu Wort kommen zu lassen. Eins muss das andere jedoch nicht ausschließen. Auch wenn es eine Agenda gibt, wäre es unhöflich, jemanden zu unterbrechen.

Den Neuseeländern gefällt bei der Moderation von Meetings eine sinnvolle Gestaltung mit klarer Zielsetzung und der Ankündigung, was das Ergebnis des

[2]Zu Meetings in Deutschland siehe auch http://businessculture.org/western-europe/business-culture-in-germany/meeting-etiquette-in-germany/. Zugegriffen: 04.01.2018, 17:58 Uhr NZDT.

Hui sein soll. Lassen Sie dabei gleichzeitig Redner zu Wort kommen und zu Ende reden. Beziehen Sie verschiedene Meinungen ein.

Tendenziell bevorzugen Neuseeländer eher flache Strukturen. Titel und Berufsbezeichnungen sind im Vergleich zu Deutschland eher unwichtig. Statusansprüche fehlen weitestgehend. Der Gymnasiast geht mit der Hauptschülerin aus, die Ärztin heiratet den Klempner. Die Rente ist nicht wie in Deutschland an die lebenslange Einkommenshöhe und Länge der Berufstätigkeit gekoppelt, sondern erfolgt pauschal. Schaut man jedoch genauer hin, gibt es durchaus ein gewisses Messen, wie zum Beispiel bei der Frage, welche Schule man besucht hat.

Zurück am Arbeitsplatz sind Sie etwas irritiert, da Sie keine oder nur eine vage Einführung erhalten. Sie fühlen sich im Stich gelassen. Alle scheinen geschäftig ihrer Arbeit nachzugehen. Langsam werden Sie wütend. Können sich die Kollegen nicht denken, dass Sie etwas Hilfe benötigen?

Die kurze Antwort: Nein. Die ausführliche: Wir haben es hier mit einem typischen, interkulturellen Stolperstein speziell im Zusammenhang mit Neuseeland zu tun. Sie messen die fremde Kultur an der eigenen und gehen von dem aus, was Sie selbst kennen. Historisch betrachtet wachsen Neuseeländer in einer Weise auf, bei der Sie auf sich selbst angewiesen sind und sich selbst zu helfen wissen. Auch in der Schule werden die Kinder dazu erzogen, eigenverantwortlich zu arbeiten und zu lernen. Sie lernen früh, sich in der freien Natur zu bewegen bzw. zu überleben. Diese über Generationen überlieferte Lebenseinstellung rührt daher, dass man in dem wenig bevölkerten Land nicht davon ausgehen kann, dass jemand in der Nähe ist, der einem im Notfall hilft. Heute trifft das in ländlichen Gegenden noch stärker als in Städten zu. Die Mentalität lebt auch in den Großstädten weiter.

No. 8 Wire, „Kiwi Ingenuity" (neuseeländischer Erfinderreichtum) oder DIY (Do it yourself)

Alle drei Begriffe symbolisieren einen kollektiv gehegten, national geschätzten Wert, bei dem der Neuseeländer stolz darauf ist, Dinge alleine zu fixieren, zu improvisieren und alles schon irgendwie hinzubekommen. Der No. 8 Wire beschreibt die Dicke eines Drahtes, mit dem schon immer alles repariert wurde. Wenn Sie durch Neuseeland reisen, werden Sie schnell von den abenteuerlichen und einfallsreichen Konstruktionen in allerlei Situationen begeistert sein.

Diese Eigenverantwortung bedeutet nicht, dass Neuseeländer nicht hilfsbereit sind. Im Gegenteil. Der Trick: Sollte dieses Gefühl auftauchen, sich allein gelassen zu fühlen, weil keiner zur Seite steht, einfach nachfragen. Sofort wird Ihnen jemand unter die Arme greifen. Neuseeland ist auch dafür bekannt, dass Vorgesetzte aktiv mit anpacken.

Grundsätzlich sollten Sie versuchen, selbst eine Lösung zu finden. Es wird im Berufsalltag erwartet, dass Sie „Hands on" Dinge anpacken und sich selbst organisieren anstatt „Hands off" auf Beistand zu warten.

3.5 Ehrlichkeit versus Direktheit

Deutsche liegen mitunter an der Weltspitze der Direktheitsskala. „This looks shit", sagen Sie ohne darüber nachzudenken. Sofort merken Sie eine gewisse Irritation unter den Kollegen. Humorvoll kontert Ihr neuseeländischer Kollege „Shizen!" So schreiben die Kiwis gerne „Scheiße". Sie haben Glück. Was in anderen Ländern dazu führen kann, dass ein Deutscher sein Gesicht verliert, wie beispielsweise in asiatischen Kulturen, wirkt auf Neuseeländer tendenziell eher erfrischend.

Gesichtsverlust und das Gesicht wahren

Jeder Mensch, egal in welcher Kultur, ist mehr oder weniger darum bemüht, sein Gesicht zu wahren, nicht zu verlieren, wiederherzustellen, zu schützen. In westlichen, individualistischen Kulturen geht es dabei vor allem um das eigene Gesicht, das Ich-Gesicht, und das Gesicht des Gesprächspartners, das Sie- oder Du-Gesicht. In kollektivistischen Kulturen wie der maorischen oder asiatischen dominiert das Wir-Gesicht oder das Ihr-Gesicht. Menschen identifizieren sich sehr stark mit ihrer Familie, ihrem Arbeitgeber, ihrem Team. Ein Gesichtsverlust betrifft die eigene Gemeinschaft oder Gruppe. Es ist in solchen Kulturen fast unmöglich, ein verlorenes Gesicht wiederherzustellen. Beim Arbeiten mit Indern kommt es beispielsweise vor, dass Probleme nicht offen ausgesprochen werden und so lange ignoriert werden, bis das Projekt im schlimmsten Fall fehlgeschlagen ist. Es handelt sich nicht selten um Ausweichstrategien, um das Wir-Gesicht zu wahren. Offenes Feedback erfolgreich zu geben, ist im Umgang mit diesen Kulturen ein Drahtseilakt. Gesichtsverlust kann auf internationaler Ebene zum Scheitern von Verträgen und Geschäftsbeziehungen führen. Im Kapitel über „Humor" erfahren Sie einen möglichen Zusammenhang im neuseeländischen Umfeld.

Für Neuseeländer ist die deutsche Direktheit eine willkommene Punktlandung beim Hadern mit der englischen Höflichkeit und Indirektheit. Bisweilen ist aus nicht-englischer Sicht das Gegenteil von dem gemeint, was gesagt wird. Māori sind sehr ehrlich und direkter als die Briten. Sie haben ihren Beitrag dazu geleistet, dass ausländische Direktheit einen Startbonus bekommt. Auf den Punkt gebracht, „straight to the point“. Es sollte jedoch nicht als Freikarte oder langfristige Ausweichstrategie verstanden werden.

Neuseeländer pflegen gleichermaßen die tief sitzende Tugend, anderen nicht sagen zu wollen, was sie zu tun haben. Einem Deutschen juckt es hingegen oft zwischen den Fingern, seine Beobachtungen mitzuteilen, um seinem Gegenüber eine faire Chance zur Verbesserung zu geben, auch wenn es weh tut. Das kann leicht als Besserwisserei missverstanden werden. Im Inselstaat geht man, ähnlich wie beim generellen Auf-sich-selbst-gestellt-sein, davon aus, dass der andere schon weiß weshalb er tut was er tut.

Ehrlichkeit ist ein hoch angesiedelter Wert, den die beiden Länder teilen. Neuseeland hat nebenbei erwähnt eine der niedrigsten Korruptionsraten der Welt. Neuseeländer schlängeln sich aus diesem Spagat, Ehrlichkeit im Gegensatz zu englisch-indirekter Höflichkeit, im Dialog eher an die eigentliche Aussage heran. Das klingt etwa so: „I really like your approach. I might be wrong, it's just a feeling, but maybe we could consider XYZ, just saying, I'm happy to help. What do you think? I might be wrong after all …“.

Sollte etwas zu lange unausgesprochen bleiben, könnten Sie eine Seite des Landes kennenlernen, die Sie nicht hinter dem locker-leichten Bild erwartet hätten: Die „passiv-aggressiv“ genannte Kommunikationsstrategie ist bisweilen Teil des neuseeländischen Alltags. Grund ist dieses Zuvorkommen, bei dem man sich entschuldigt, wenn einem jemand auf die Füße getreten ist. Es macht eine offene Feedbackkultur schwierig. Die bedingungslose Höflichkeit und die gewisse Indirektheit können zu einem emotionalen Ausbruch führen, der explosionsartig aus dem Nichts kommt. Er kann verbal erfolgen oder in Form aggressiven Verhaltens, ohne das eigentliche Problem offen anzusprechen. Auch wenn die Reaktion oft plötzlich auftritt, kann sie über einen längeren Zeitraum stattfinden.

Eine eigene Meinung zu haben – egal welche – ist in Neuseeland grundsätzlich wichtig und fördert die Wertschätzung des Gesprächspartners. Sie wird sogar erwartet. Dabei wird im geschäftlichen Zusammenhang weniger über Gehalt geredet. Über Politik darf geredet werden. Eine gute Strategie, die Direktheit abzuwiegeln, ist durch Humor.

3.6 Humor

Hier haben Deutsche und Neuseeländer etwas gemeinsam: Der eigene Humor wird international nicht verstanden.

Während der deutsche Humor als nicht vorhanden abgetan wird, erscheint der neuseeländische eher suspekt. Aus deutscher Sicht: Die Neuseeländer nehmen sich permanent selbst auf die Schippe. Sich über andere lustig zu machen folgt gewissen Regeln, die mit dem Gleichheitsprinzip und dem Gesicht wahren erklärt werden können. Man ist sehr darauf bedacht, die Ebenbürtigkeit beim Witzeln zu bewahren. Daher geht das Foppen des Gesprächspartners immer einher mit dem Infragestellen der eigenen Person. Scherze auf Kosten der anderen werden nicht gerne gesehen. Auch Engländer finden den neuseeländischen Humor übrigens seltsam. Und umgekehrt. Einen Eindruck des neuseeländischen Humors erhält man zum Beispiel bei den Flugsicherheitsvideos von Air New Zealand.

3.7 Regeln und Gesetze

Neuer Arbeitstag, neues Glück. Bei der Erledigung einer Aufgabe haben Sie sich seit einiger Zeit gefragt, ob Sie das dürfen. Die Antwort Ihres Kollegen: „Why not?“ Was nicht verboten ist, ist in Neuseeland erst einmal erlaubt. Ein Deutscher geht gerne davon aus, dass etwas erst einmal verboten ist, wenn nicht ausdrücklich erlaubt. Es wird Ihnen im Laufe Ihres Aufenthaltes auffallen, dass es sehr viel weniger Verbotsschilder gibt als in Deutschland.

Die Kiwis haben jedoch gleichsam ihre Regeln und Gesetze und sind diesen bisweilen noch treuer als wir es gewohnt sind. Am Zebrastreifen wird so abrupt noch in letzter Sekunde angehalten, wenn ein Fußgänger sich in 100 m Entfernung nähert, sodass Auffahrunfälle vorprogrammiert sind. Gleichermaßen bremst man bereits 50 m vor der seit langem grünen Ampel, da vorausgedacht wird: Jede grüne Ampel wird der Regel folgen und in nächster Zeit auf Rot umschalten. Das war immer so, es wird auch dieses Mal wieder so sein. Man fährt nicht bei Rot über die Ampel. Schlange stehen, sich anstellen, ist ein Mitbringsel der Engländer und wurde als fast zwanghaftes Hobby von den Neuseeländern angenommen. Selbst wenn von drei Fahrbahnspuren zwei frei sind, fährt man zu der Spur, wo bereits alle anderen Autos stehen. Weil man sich eben nun mal anstellt, wenn es eine Schlange gibt.

Meist vertraut man darauf, dass die Regeln aufgestellt wurden, weil sie Sinn machen. Beispielsweise bei der Fischerei, beim Jagen, im Umweltschutz, bezüglich Naturkatastrophen und in vielen anderen Bereichen ist das auch so.

Dass die Neuseeländer gleichzeitig nicht blind gehorchen, durchaus kritisch sind, eine eigene Meinung haben und auch „Nein“ sagen können, zeigen die folgenden Beispiele: Um an Silvester 2017/2018 ein Alkoholverbot an den Stränden von der Halbinsel Coromandel zu umgehen, bauten sich einige Jugendliche kurzerhand eine eigene Insel im Meer. Radio Hauraki sendete seinerzeit von einem Schiff auf See, um die Lizenzgebühren zu umgehen.[3] Kiwi Ingenuity par excellence.

Selbst wenn Sie eine Regel für sinnlos halten: Es wird nichts bringen, wenn Sie auf „Ihr Recht" pochen. „Das Recht zu haben, etwas zu tun" ist eine typisch deutsche Angewohnheit. Im Sinne des Gleichheitsprinzips wird man vermutlich darauf verweisen, dass für alle die gleichen Regeln gelten. Insofern akzeptieren Neuseeländer einfach die Regeln, die es gibt.

Für die Arbeitswelt gilt: Erschleicht Sie ein Gefühl des „Recht-haben-Wollens" und ergibt etwas nach Ihrer Logik keinen Sinn, horchen Sie auf. Und fragen Sie nach. Es könnte sich ein Sinn und Zweck dahinter verbergen. Oder auch nicht. Letzteres ist durchaus in Ordnung.

3.8 Sicherheit versus Flexibilität

Nachdem Sie sich gut auf der neuen Arbeit eingelebt haben, kommt Ihnen eine grandiose Idee. Sie zögern. Sie können nicht garantieren, dass das Ergebnis funktioniert, aber es ist einen Versuch wert. In Verhandlungsgesprächen haben Sie einen kreativen Geistesblitz und erinnern sich dann an die Maxime, zu Beginn einer Geschäftsbeziehung lieber auf Nummer Sicher zu gehen.

Da Sie bereits etwas Erfahrung in Neuseeland gesammelt haben und mit dem No. 8 Wire und der Kiwi Ingenuity vertraut sind, geben Sie sich einen Ruck. Die Reaktion: „Go for it!".

In Neuseeland ist man risikofreudiger und weniger sicherheitsorientiert. Was soll schon passieren? Wenn es nicht klappt, versuchen wir eben etwas anderes. Schon Kinder werden in der Schule dazu erzogen, aus ihrer Komfortzone zu treten und Neues auszuprobieren. Im Zweifel nimmt man sich bei gelungenem Misslingen mit dem guten alten Kiwihumor eben wieder selbst auf die Schippe.

Es gibt in Neuseeland weniger bezahlte Urlaubstage als in Deutschland, in der Regel zwischen zehn und 20. „Unpaid Leave", unbezahlter Urlaub, gehört daher für Neuseeländer zur Freizeitplanung dazu, was bei einem Deutschen eher Unwohlsein oder gar Existenzangst verursachen könnte. Auch „Sick Leave",

[3]https://www.stuff.co.nz/national/100275.008/new-years-revellers-build-sandcastle-in-coromandel-estuary-to-avoid-liquor-ban. Zugegriffen: 02.01.2018, 21:43 NZDT.

Krankheitstage, wird oft zusätzlich zum regulären Urlaub und als mentale Erholung genommen. Unter Lohnfortzahlung gibt es davon ca. zehn Tage pro Jahr.

Auch der Immobilienmarkt reflektiert diese Flexibilität. Man zieht häufiger um, kauft und verkauft Häuser beim Umzug in eine andere Stadt oder ein anderes Land. Es ist nicht vorgesehen, sein Leben lang an einem Ort zu bleiben. Einen Umzug handhabt man nebenbei. Daher ändert sich auch in der Berufswelt vieles sehr schnell, wie bereits weiter vorne erwähnt. Menschen kündigen häufig, wechseln den Arbeitgeber, wechseln in eine neue Stadt oder gehen „overseas".

Als „overseas", Übersee, bezeichnet der Neuseeländer jedes Terrain außerhalb des Landes. Während der obligatorischen „OE", „Overseas Experience", lebt fast jeder einmal im Leben für mindestens ein Jahr in einem anderen Land.

After Work – Nach der Arbeit

4

Während der Arbeitszeiten bewegen Sie sich mittlerweile sattelfest und verstehen sich gut mit den Kollegen. Nach der Arbeit gehen Sie meist eigenen Interessen nach. Private Kontakte mit gewisser Tiefe lassen nach dem ersten netten Geplänkel über die Familie jedoch auf sich warten.

4.1 Trennung von privat und beruflich/Arbeit versus Freizeit

Eines ist klar: Der Neuseeländer arbeitet um zu leben und lebt nicht, um zu arbeiten. Daher variiert das After Work Programm von dem in anderen Ländern. Es kommt häufig vor, dass Neuseeländer sich nach der Arbeit abseilen, um zu den Whānau zurückzukehren, etwas mit Freunden und Familie zu unternehmen oder das Leben draußen, outdoors, zu genießen, beim Surfen, Klettern, etc. Am besten knüpft man bei sportlichen und sonstigen Aktivitäten Kontakte. Schon in der Schule sind die Stundenpläne auf diverse sportliche Aktivitäten ausgerichtet, wie beispielsweise Drachenbootfahren oder Surfen.

Dementsprechend haben Sie bereits verstanden, dass Sie nicht punkten können, wenn Sie als letzter von der Arbeit verschwinden und Überstunden schieben. Neuseeländer nehmen ihre Freizeit sehr ernst und sind ab 17:00 Uhr nur noch selten am Arbeitsplatz anzutreffen. Telefonanrufe werden auf die Mailbox umgeleitet und beantwortet, wenn der neue Arbeitstag beginnt. Auch am Wochenende, im Urlaub und während des Summer Break treffen Sie niemanden geschäftlich an.

Dazu passt, dass Neuseeländer den Tag eher früh beginnen und beenden. Vergleichen Sie einmal die Kurspläne im Fitnessstudio mit denen in Deutschland. Es gibt verhältnismäßig viele sehr frühe Kurse, wenig sehr späte Kurse, Freitagsabends keine, Montagsmorgens schon.

S. Noll, *Leben und Arbeiten in Neuseeland,* essentials,
https://doi.org/10.1007/978-3-658-21149-3_4

Vielleicht überlegen Sie jetzt: „Was stimmt denn jetzt? Was soll ich tun? Auf der einen Seite bekomme ich nach der Arbeit kaum eine Chance, Kollegen näher kennenzulernen. Auf der anderen Seite wird eine Geschäftsbeziehung wie weiter oben beschrieben vor allem durch das Menschliche verstärkt." Im Land der großen weißen Wolke, wie Aotearoa wörtlich übersetzt heißt, ist das kein Widerspruch. Sich kennenlernen, Small Talk findet zunächst in Zwiegesprächen oder auch größerer Kollegenrunde im Rahmen des eigentlichen Jobs statt. Man hat Zeit für ein Schwätzchen neben der Arbeit. In anderen Kulturen wie der spanischen oder italienischen ist das Ausgehen nach der Arbeit mit den Kollegen zum gegenseitigen Kennenlernen unausweichlich.

4.2 Im Pub und beim Geschäftsessen

Ab und zu kommt es nun doch vor, dass man nach der Arbeit etwas unternimmt, etwa um einen besonderen Erfolg zu feiern oder tatsächlich mit den Kollegen (sogar noch mehr mit ehemaligen Kollegen nach einem ersten Jobwechsel) zu netzwerken.

Anders als in anderen Ländern zahlt in der Regel jeder für sich. Sollten die Kollegen anfangen, Runden auszugeben, „round buying", ist es angebracht, dies ebenfalls zu tun, sonst kommt man in den Verdacht, ein „Free Loader" zu sein. Sollten Sie jedoch in Betracht ziehen, als erster aus dem privaten Budget für die Runde zu zahlen, warne ich zur Umsicht. Die Kollegen könnten sich in Zugzwang fühlen. Es könnte auch als Angeberei interpretiert werden. In Neuseeland ist es eher unüblich. Man entscheidet gerne selbst, wie viel Geld man wann ausgeben möchte.

Wenn Sie ein Geschäftspartner sind und Ihr Unternehmen zahlt, dann ist es in Ordnung, eine Runde auszugeben. Neuseeländische Arbeitgeber zahlen weniger häufig, wenn man im Kollegenkreis ausgeht, außer bei speziellen Anlässen. Unternehmen erwarten, dass jeder selbst zahlt bzw. beim Morning Tea etwas beisteuert.

Ihr Kollege fragt Sie beim Geschäftsessen, ob Sie denn schon in den Genuss der exzellenten neuseeländischen Küche gekommen sind. Insgeheim fragen Sie sich, was er meint. Schließlich sind Sie aus Europa und haben kulinarische Top-Länder wie Italien, Frankreich, Spanien oder Portugal vor der Haustür. Es ist angeraten, an dieser Stelle die deutsche Direktheit und Ehrlichkeit etwas zu zügeln und über die erfreulichen Erfahrungen zu berichten, die Sie bereits in Aotearoa machen durften. Insbesondere der Wellingtonian ist stolz auf die kulinarische Vielfalt in der Hauptstadt, und es gilt, dies zu würdigen.

Übrigens kommt die Bedienung in Neuseeland nicht zum Zahlen an den Tisch. Gezahlt wird an der Kasse vorne an der Theke, manchmal nach dem Essen, meist jedoch im Zuge der Bestellung. Ist Ihnen übrigens schon aufgefallen, dass es keine Bierdeckel auf der Insel gibt?

Auch Trinkgeld gibt es nicht. Allenfalls steht an der Kasse eine Schale, auf der „Koha", Spende auf Maorisch, steht. Dort dürfen Sie gerne etwas für das Team hineinwerfen.

4.3 Zu Besuch im privaten, kollegialen Umfeld

Endlich ist es so weit. Die erste private Einladung. Bereits zuvor sind Sie ins Fettnäpfchen getreten: Sie haben die lockere Aussage, man solle doch mal auf eine Tasse Tee rumkommen, „pop over for a cupa", zu wörtlich genommen und sofort gefragt, wann es dem Gesprächspartner denn recht sei. Wenn nicht explizit ein Datum und eine Uhrzeit hinter der Einladung steht, so bedeutet eine solche Aussage nichts weiter, als dass man sich sympathisch findet und sich gerne nochmal wieder trifft. In ferner Zukunft, ohne Verpflichtung, wenn es denn sein soll oder auch nicht.

„Bring a Plate" verkündet der Gastgeber. Dahinter verbirgt sich ähnlich wie beim Morning Tea, dass jeder für sich selbst etwas mitbringt. Natürlich auf einem Teller, Plate, der auf einen Tisch gestellt wird, zusammen mit den gefüllten Tellern aller anderen Gäste, auch „Pot Luck Dinner" genannt. Das Ergebnis ist ein Menü.

So kommt der Gastgeber nie in die Verlegenheit, einen kompletten Abend ausrichten zu müssen. Auch Getränke werden je nach Belieben selbst organisiert. Tipp: Wann immer Sie privat eingeladen sind, bringen Sie Ihr eigenes Lieblingsgetränk und eine Kleinigkeit zum Essen mit. Fragen Sie vorher den Einladenden, was noch benötigt wird.

Wenn Sie in Lokalen einen Hinweis „BYO", „Bring your own", sehen, dürfen Sie auch dort Ihre eigene Flasche Wein oder Ihr Bierchen genießen.

Selbst wenn Sie versuchen, Ihre deutsche Kultur zu zeigen und ein Essen oder gar ein mehrgängiges Menü alleine kochen möchten: Wahrscheinlich bringt trotzdem jeder etwas mit. Es bereitet dem Neuseeländer ein unwohles Gefühl, nichts beizutragen.

4.4 Freundschaft und die Sache mit der Zuverlässigkeit

Sie haben einen guten Anfang gemacht, auch private Kontakte geknüpft. Höchste Priorität für Neuseeländer haben, wie schon erwähnt, die Whānau. Es ist schwierig, so nah zu kommen wie wir das aus Deutschland gewohnt sind. Die Freundschaft im deutschen Sinne, die sehr tief geht, wenn man jemanden einen Freund nennt, braucht Zeit und ist im Rest der Welt schwer zu finden.

Selbst wenn Ihnen diese Tiefe fehlt, lernen Sie, die aus unserer Sicht oberflächliche Nähe, die Neuseeländer alltäglich bereit sind zu geben, wertzuschätzen. Sie ist ehrlich gemeint.

Wenn ein Neuseeländer jemanden als „Friend“ bezeichnet, so ist dies eher ein Pendant zu „Bekanntschaft“. Wenn ein Deutscher jemanden einen Freund nennt, meint er durch dick und dünn gehen. In neuseeländischem Englisch würde man dazu „Close Friend“ sagen, in der Umgangssprache wiederum „Friend“.

Als Gastgeber kann es vorkommen, dass Sie sich über die Unzuverlässigkeit der Neuseeländer ärgern. Oft nehmen Gäste eine Einladung an und erscheinen nicht. Was wir als Unzuverlässigkeit interpretieren, basiert auf dem flexibleren Zeitverständnis der Neuseeländer. Sie folgen in ihrer Freizeit eher der Ereigniszeit anstatt der Uhrzeit. Spontan entscheidet man sich für die Aktivität, die in den Tagesablauf, zu den persönlichen Umständen oder zum derzeitigen Wetter passt. Die Dinge sind dann richtig, wenn alle Bedingungen dafür gegeben sind.

Daher sind Zusagen nie wie in Deutschland als bindend in Stein gemeißelt zu betrachten. Der Gastgeber weiß erst zum Ende eines Abends, wer gekommen ist.

Deshalb sind auch „Pot Luck Dinner“ angebracht, denn effektive Planung und Organisation erscheint bei diesem Zeitmodell nicht zweckmäßig. Nach einiger Zeit in Neuseeland werden Sie zu schätzen wissen, dass auch Sie sich die Freiheit nehmen können, spontan einen Termin abzusagen, und die Antwort heißt lediglich „No worries“. Sie werden die Freiheit genießen, nicht verbindlich zuzusagen, eine Zusage offen zu lassen und dann spontan vorbeizuschauen.

5 Schluss

Auch wenn die Kultur Neuseelands ähnlich westlich wie in Deutschland bzw. vielen europäischen Ländern ist, mag gerade hierin das größte Potenzial für Missverständnisse liegen. Man neigt tendenziell noch mehr dazu, Fremdes durch die eigene Kulturbrille zu interpretieren, als wenn ein Land ohnehin offensichtlich komplett verschieden ist, wie beispielsweise asiatische Mentalitäten im Vergleich zu europäischen.

Die kleinen, aber feinen Unterschiede und Stolpersteine durften Sie in diesem *Essential* kennenlernen.

Wichtig ist zu erwähnen, dass gute interkulturelle Trainings neben dem Kennenlernen der neuen Kultur auch eine Chance bieten, seine eigene Kultur zu reflektieren. Nicht alle Kulturen sind sich ihrer eigenen Regeln so bewusst wie beispielsweise die neuseeländischen Ureinwohner. Bevor ein Fremder in die maorische Gemeinschaft eingeladen wird, bekommt er einen Kaitiaki zugewiesen, der ihn in die Regeln der Kultur einweiht. Insbesondere ältere Generationen in Deutschland tendieren aufgrund der Landesgeschichte außer beim Fußball sogar dazu, ihre Kultur zu leugnen. „Ich bin gar nicht so deutsch".

Wer seine eigene Kultur kennt, weiß die eigenen inneren Reaktionen zu orten, zu kanalisieren und stellt dank seiner interkulturellen Kompetenz – in egal welcher anderen Kultur – die richtigen Fragen.

S. Noll, *Leben und Arbeiten in Neuseeland*, essentials,
https://doi.org/10.1007/978-3-658-21149-3_5

Was Sie aus diesem *essential* mitnehmen können

- Sie haben kulturspezifische Stolpersteine bei der Jobsuche und Einwanderung nach Neuseeland kennengelernt und können daraus entstehende Missverständnisse besser lösen.
- Auch als temporär einreisender Geschäftspartner, beispielsweise zum Aushandeln von Verträgen, können Sie sich interkulturell kompetenter bewegen.
- Im Umgang mit anderen Kulturen in Neuseeland und weltweit können Sie nun selbstsicher und eleganter agieren.
- Sie können von oberflächlich Wahrgenommenem auf tief sitzende, unbewusste Regeln und Werte wie die Kiwi Ingenuity, die Sicherheit, die Flexibilität, die Selbstorganisation, den Egalitarismus, Ehrlichkeit oder ein unterschiedliches Zeitverständnis schließen. Dies hilft Ihnen, die richtigen Fragen beim Verständnis einer anderen Kultur zu stellen.
- Sie können sich beruflich und privat interkulturell selbstbewusster bewegen und haben auch Ihre eigene Kultur im Vergleich zu anderen Kulturen besser kennengelernt.

S. Noll, *Leben und Arbeiten in Neuseeland,* essentials,
https://doi.org/10.1007/978-3-658-21149-3

Glossar

Bring a Plate Aufforderung bei einer Einladung, beispielsweise bei einem Pot Luck Dinner, etwas mitzubringen, sozusagen einen gefüllten Teller. Auf diese Weise steuert jeder Gast etwas zu der Veranstaltung bei.

Distanz Siehe „Raum".

DIY Do it yourself, Eigenproduktion. Siehe auch „No. 8 Wire".

Egalitarismus Englisch: egalitarianism. In einer egalitären Gesellschaft haben alle Mitglieder die gleichen Rechte und Ressourcen. Niemand kann dauerhaft Macht über Andere ausüben. Der soziale Status, individueller Besitz und Eigentum sind nachrangige Werte.

In Neuseeland steuern Understatement, Bescheidenheit bzw. der damit verbundene, tief sitzende interkulturelle Wert „Egalitarismus" das Verhalten des Neuseeländers im Alltag, ohne dass er dies bewusst wahrnimmt. Das sogenannte „Tall Poppy Syndrom" besagt, dass die Mohnblume um einen Kopf kürzer gemacht wird, die die anderen überragt. Herauszustechen ist verpönt. Angeberei hat einen bitteren Nachgeschmack.

Der Egalitarismus lässt sich zum einen durch den oben genannten Gemeinschaftssinn der Māori erklären. Zum anderen wollten die ersten englischen Siedler ihr zu Hause dominierendes Klassensystem hinter sich lassen und schufen eine Gegenbewegung, die bis heute anhält und im Alltag unbewusst stattfindet. Eigenlob ist für den Neuseeländer ein Ding der Unmöglichkeit.

Gesichtsverhandlungstheorie (Gesicht wahren, Gesichtsverlust) Der Begriff der Gesichtsverhandlungstheorie wurde unter anderen von Stella Ting-Toomey geprägt.

S. Noll, *Leben und Arbeiten in Neuseeland*, essentials,
https://doi.org/10.1007/978-3-658-21149-3

Jeder Mensch, egal in welcher Kultur, ist mehr oder weniger darum bemüht, sein Gesicht zu wahren, nicht zu verlieren, wiederherzustellen, zu schützen. In westlichen, individualistischen Kulturen geht es dabei vor allem um das eigene Gesicht, das Ich-Gesicht, und das Gesicht des Gesprächspartners, das Sie- oder Du-Gesicht. In kollektivistischen Kulturen wie der maorischen oder asiatischen dominiert das Wir-Gesicht oder das Ihr-Gesicht. Menschen identifizieren sich sehr stark mit ihrer Familie, ihrem Arbeitgeber, ihrem Team. Ein Gesichtsverlust betrifft die eigene Gemeinschaft oder Gruppe. Es ist in solchen Kulturen schier unmöglich, ein verlorenes Gesicht wiederzuerlangen. Das kann zum Scheitern von Verträgen und Geschäftsbeziehungen im internationalen Umfeld führen.

Gleichheitsprinzip Siehe „Egalitarismus".

Hapū „Unterstamm" oder „Clan", der in der Māori-Gesellschaft als wesentliche politische Einheit funktioniert. Ein Hapū besteht aus bis zu mehreren 100 Mitgliedern und aus mehreren Whānau (erweiterte Familien).

Hongi Neuseeländischer Nasenkuss.

Hui Meeting auf Maorisch.

Individualistisch Siehe „Kollektivistische versus individualistische Kulturen".

Integrationskurve Die Honeymoonphase ist die erste, himmelhochjauchzende Phase im Rahmen der Kulturschock- oder Integrationskurve. Sie hat je nach Verfasser verschiedene Hochs und Tiefs. Das einfachste Modell besteht aus der Honeymoonphase, der eigentlichen Fremdkulturschockphase und der Anpassungsphase. Die Phasen wiederholen sich bei einer Rückkehr in die Heimat, dargestellt durch die Reintegrationskurve. In der Realität können diese Phasen vielfach erneut auftreten, bis die Assimilation an die neue Kultur mehr und mehr gelingt. Der Abbruch eines Auslandsaufenthaltes erfolgt meist während der depressionsartigen Kulturschockphase. Das Ausmaß dieser Phase kann variieren, je nachdem ob die Entsendung freiwillig oder beruflich bedingt erfolgte. Das Wissen über diese Phasen erleichtert den Umgang mit ihnen, kann sie jedoch nicht unterdrücken.

Iwi Die größte politische Gruppierung in der voreuropäischen Māori-Gesellschaft war der Iwi (Stamm).

Jandels Sandalen, Flipflops in neuseeländischer Sprache.

Kaitiaki Maorisch für Mentor, Wächter, Kurator, Hüter, Betreuer.

Kiwi Ingenuity Neuseeländischer Erfinderreichtum, siehe auch No. 8 Wire.

Koha Spende in maorischer Sprache.

Kollektivistische versus individualistische Kulturen interkultuell 1) Eine der Kulturdimensionen nach Alfons „Fons" Trompenaars: „Individualismus vs. Kollektivismus". Funktionieren wir in einer Gruppe oder als Individuum?

2) Eine der Kulturdimensionen nach Geert Hofstede: „Individualismus" vs. „Kollektivismus".

Kulturschockkurve Siehe „Integrationskurve".

Māori Ureinwohner Neuseelands.

Mua Vorne/davor und gleichzeitig Vergangenheit in maorischer Sprache.

No. 8 Wire No. 8 Wire beschreibt die Dicke eines Drahtes, mit dem seit Urzeiten alles repariert wurde. Er ist Symbol für einen tief gehegten Wert, bei dem man stolz darauf ist, Dinge alleine zu fixieren, zu improvisieren und alles schon irgendwie hinzubekommen. Kiwi Ingenuity und DIY werden gerne im selben Kontext genannt.

Overseas Übersee. Alles Terrain außerhalb der Insel.

Overseas Experience, OE Fast jeder Neuseeländer lebt einmal im Leben für mindestens ein Jahr in einem anderen Land.

Pākehā Neuseeländer europäischen Ursprungs.

Personen- und Sachorientierung 1) Ein deutscher Kulturstandard nach Alexander Thomas: „Formalismus (Sach- und Regelorientierung)", auch „regelorientierte Kontrolle" versus „personenorientierte Kontrolle" als Kulturstandard anderer Länder.

2) Eine der Kulturdimensionen nach Alfons „Fons" Trompenaars: „Universalismus" vs. „Partikularismus". Was ist wichtiger: Regeln oder Beziehungen?

Pot Luck Dinner Eine Einladung, bei der alle Gäste etwas zum Essen beisteuern.

Raum 1) Interkulturelles Konzept, das auf Edward Hall zurückgeht. Unterschiedliche Kulturen haben ein unterschiedliches Empfinden für Raum und Abstand. Für Edward Hall sind Raum und Zeit mitunter die wichtigsten

Ursachen von Missverständnissen. Sie gehören zur „stillen Sprache", die wir durch unser tägliches Verhalten unbewusst sprechen.

Je nach Kultur haben wir einen Durchmesser von persönlichem Raum um uns, den wir ungerne unterschritten sehen. Zu nahe zu kommen lässt ein Gefühl von Unwohlsein oder Bedrängung aufkommen. Manche Kulturen suchen Nähe. Kulturen wie die Deutsche bewahren sich einen gewissen Abstand. Neuseeländer brauchen tendenziell mehr Raum als Deutsche.

2) Ein deutscher Kulturstandard nach Alexander Thomas ist die „interpersonale Distanzdifferenzierung". Der Deutsche hält Abstand und übt Zurückhaltung.

Tall Poppy Syndrom Siehe „Egalitarismus".

Tikanga Māori Tikanga ist die maorische Weltsicht. Tika heißt richtig. Im Gegensatz zu teka, falsch.

Treaty of Waitangi Ursprünglicher Vertrag der ersten Siedler unter englischer Krone mit den Ureinwohnern Neuseelands aus dem Jahre 1840. Bis dato Grund für Auseinandersetzungen.

Whānau Wichtige und oft gebrauchte Bezeichnung für die engeren Freunde und Familie, Menschen, die einem nahestehen. Die erweiterte Familie in der Māori-Gesellschaft. Eine politische Einheit unter dem Level der Hapū und Iwi. Aussprache auch: „Fānau".

Zeitverständnis in der interkulturellen Theorie 1) Ein deutscher Kulturstandard nach Alexander Thomas: „monochrones Zeitverständnis".

2) Eine der Kulturdimensionen nach Alfons „Fons" Trompenaars: „Serialität" („sequential/linear") vs. „Parallelität" („synchronic/cyclical"). Tun wir Dinge gleichzeitig oder hintereinander?

3) Eine der Kulturdimensionen nach Geert Hofstede: „Langfristige Orientierung" (über Generationen) versus „kurzfristige Orientierung" (schnelle Ergebnisse).

4) Zeitverständnis nach Edward Hall in seinem Konzept „The Silent Language", die stille Sprache: „monochrones" versus „polychrones" Zeitverständnis.

5) Zeitverständnis nach Richard D. Lewis: „multi-aktiv", „reaktiv" oder „linear-aktiv".

6) Zeitverständnis nach R. W. Brislin und E. S. Kim: „Clock time" („Uhrzeit") versus „Event time" („Ereigniszeit").

Literatur

Bönisch-Brednich, B. (2002). *Keeping a low profile: An oral history of German immigration to New Zealand.* Wellington: Victoria University Press.

Bönisch-Brednich, B. (2003). *Auswandern, Destination Neuseeland.* Berlin: Mana-Verlag.

Bönisch-Brednich, B. (2008). Watching the Kiwis: New Zealanders' rules of social interaction. *The Journal of New Zealand Studies*, 6/7. https://ojs.victoria.ac.nz/jnzs/article/view/131. Zugegriffen: 2. Jan. 2018 (21:57 Uhr NZDT).

Hall, E. T. (1973). *The silent language.* (o. O.): Anchor Books.

Hofstede, G. J., Pedersen, Paul B., & Hofstede, Geert H. (2002). *Exploring culture.* Boston: Intercultural Press.

Hofstede, G. H. (2003). *Culture's consequence* (2. Aufl). Thousand Oaks: SAGE Publications.

Hofstede, G. H., & Hofstede, G. J. (2006). *Lokales Denken, globales Handeln. Interkulturelle Zusammenarbeit und globales Management* (3. Aufl.). München: DTV-Beck.

Levine, R. (1999). *Eine Landkarte der Zeit. Wie Kulturen mit Zeit umgehen.* München: Piper Verlag.

Lewis, R. D. (Juni 2014). *How different cultures understand time.* http://www.businessinsider.com/how-different-cultures-understand-time-2014-5?IR=T. Zugegriffen: 2. Jan. 2018 (21:51 Uhr NZDT).

Lewis, R. D. *The Lewis model.* https://www.crossculture.com/wp-content/uploads/2015/06/Description-of-Lewis-Model-2.docx. Zugegriffen: 2. Jan. 2018 (21:50 Uhr NZDT).

Lo, K. D., & Houkamau, C. (Frühjahr 2012). *Exploring the cultural origins of differences in time orientation between European New Zealanders and Māori.* http://repository.usfca.edu/cgi/viewcontent.cgi?article=1009&context=olc. Zugegriffen: 16. Jan. 2018 (7:37 Uhr NZDT).

Morrison, T., & Conoway, W. A. (2006). New Zealand. In *Kiss, bow or shake hands.* Avon: Adams.

Noll, S. (2018). *Wahlheimat Neuseeland – Auswandern, Einwandern, Zurückkehren, Wegbleiben – Eine interkulturelle Trainerin über Neuseeland, Deutschland und sich selbst zwischen beiden Welten.* Norderstedt: Books on Demand.

Te Ara – The Encyclopedia of New Zealand beinhaltet die 1966 erschienene *Encyclopaedia of New Zealand* und wird seit 2005 immer wieder erweitert und aktualisiert. https://teara.govt.nz

S. Noll, *Leben und Arbeiten in Neuseeland*, essentials,
https://doi.org/10.1007/978-3-658-21149-3

Thomas, A. (Hrsg.). (1991). *Kulturstandards in der internationalen Begegnung.* Saarbrücken (u. a.): Breitenbach.

Thomas, A. (Hrsg.). (1996). *Psychologie interkulturellen Handelns* (S. 1996). Hogrefe: Göttingen.

Ting-Toomey, S. (1994). *The challenge of facework: Cross-cultural and interpersonal issues.* New York: State University of New York Press.

Trompenaars, F., & Hampden-Turner, C. (1993). *Riding the waves of culture: Understanding cultural diversity in business.* (o. O.): Random House Business Books.